中华中医昆仑

朱良春学术评传

张镜源◎主编

中国盲文出版社

图书在版编目（CIP）数据

朱良春学术评传（大字版）/ 张镜源主编. —北京：中国盲文出版社，2015.12
（中华中医昆仑）
ISBN 978-7-5002-6781-2

Ⅰ. ①朱… Ⅱ. ①张… Ⅲ. ①朱良春（1917～2015）—评传 Ⅳ. ①K826.2

中国版本图书馆 CIP 数据核字（2015）第 303138 号

朱良春学术评传

主　　编：张镜源
责任编辑：亢　淼
出版发行：中国盲文出版社
社　　址：北京市西城区太平街甲 6 号
邮政编码：100050
印　　刷：北京华联印刷有限公司
经　　销：新华书店
开　　本：700×1000　1/16
字　　数：42 千字
印　　张：6.25
版　　次：2015 年 12 月第 1 版　2015 年 12 月第 1 次印刷
书　　号：ISBN 978-7-5002-6781-2/K・391
定　　价：12.00 元
销售服务热线：（010）83190297　83190289　83190292

丛书编委会

前　言

中医药是中华民族的伟大创造，是世界医学宝库中的夺目瑰宝，数千年来为中华民族的繁衍昌盛作出了巨大的不可磨灭的贡献，至今仍是中国医药卫生事业不可分割的重要组成部分，在维护民族体魄康健、促进经济社会发展中发挥着不可替代的作用。

中医药学，是中华传统文化和科技文明的结晶，是勤劳聪慧的中华儿女在几千年生产生活实践中，在与疾病作斗争的过程中，创造的独具特色的医学科学体系。它有着浓郁的民族特色、深厚的文化底蕴和丰富的哲学内涵。经过一代又一代中医药传人、一辈又一辈名医大家的实践探索、薪火传承、总结完善、创新发展，逐步形成了系统的理论体系、独特的诊疗方法、丰富的医学内容、实用的制药技术。具有疗效确切、用药安全、应诊灵活、普适简廉和预防保健作用显著的巨大优势，在世界医学之林独树一帜，为人类的文明进步与医疗保健事业，已经并正在作出积极的贡献。

为了弘扬中华民族传统文化，彰显中医药学家的丰功伟绩，当代中医药发展研究中心与中国文学艺术界联合会、国家中医药管理局新闻办公室、中华中医药学会、中国中医科学院、北京中医药大学、世界中医药学会联合会等精诚合作，在国家中医药管理局的支持和指导下，为中华近现代百年来贡献卓著、深受敬仰的150位中医药学家，编撰出版了这部大型传记丛书。丛书采用评传体裁，记载他们的生平事迹、医术专长、学术思想、传承教育、医风医德、养生之道和突出贡献，使这些宝贵的医学成就和精神财富发扬光大，千古流芳。

丛书取名《中华中医昆仑》。昆仑山，被尊为“万山之祖”，柱西北而瞰东南，立中国而凭世界，凌驾乾坤，巍然屹立。以其高峻豪迈、绵延起伏的磅礴气势，寓意中华中医药学历史悠久、博大精深和永不衰竭；以其挺拔雄伟、高耸入云的恢弘气魄，彪炳一代中医药学家的丰功伟绩、杰出贡献和不朽勋业。

丛书入选传主，从全国范围推荐遴选，遍及中医药界各个领域。有临床家、理论家、药学家、教育家、医史文献学家；有名师亲授、世医家教、学派传人、院校毕业和自学成才者；有师徒并驾、父子齐名和伉俪联袂者。他们学术造诣深厚、诊疗技术精湛、临床经验丰富、学科地位崇高、科研成果丰硕、医风医德高尚、国内外影响较大，从医学理论到临床实践，为中医药事业的传承和发展作出了突出贡献，是近现代百年来中华中医药界的杰出代表。

丛书的出版，对于弘扬中华文化，振兴中医药事业，造就中医药人才，普及中医药知识，具有重要的现实意义和深远的历史意义。这是一项开创性工作，填补了我国为著名中医药学家大规模撰写传记的空白；也是一项抢救性工作，因入选传主已仙逝过半，许多亲历、亲见、亲闻的史料日见散逸，将之收集整理、编撰成书，功垂后世、利国利民；更是一项承前启后的工作，总结传主经验，传承中医药伟业，继往开来，光耀世界医学之林。这部医文结合，富蕴历史性、学术性、文学性和实用性的鸿篇巨制，对医疗、卫生、科研、教育及全球关注中华中医药文化的各界人士，都有重要的参考和阅读价值。

丛书的编撰出版，是一项巨大的中医药文

化建设工程，在策划、撰写、编辑、出版过程中，自始至终得到了国家有关领导、政府部门及社会各界人士的关心和支持。国家中医药管理局高度重视，并组织专家对全书进行终审；数百名专家、学者亲临指导，参与规划；有关省、市、自治区卫生厅、局、中医局（处）给予大力帮助；传主及其亲属、弟子热情支持、密切配合；撰稿人深情满怀、辛勤笔耕；编审专家尽心竭力、精工细琢；关爱中医药事业的企业家热心公益、慷慨资助；全体工作人员不辞辛劳、无私奉献，这一切使丛书得以顺利出版。对此，我们深表谢意。

由于时间紧迫和资料搜集困难，加之水平有限，难免有疏误之处，敬请广大读者批评指正。

中华中医药学，历史悠久，源远流长，发端于远古，奔向于未来。百年对于历史，不过是短暂的瞬间；百人对于万众，不过是沧海一粟。然本丛书所记载的百年百人，则无疑是波澜壮阔的中医药发展史上辉煌的篇章和光芒闪烁的璀璨星辰。

张镜源

目录

由病入医　初涉孟河医学派
苏州求学　转沪师从章次公　/ 05
南通执业　创立联合中医院
民间探宝　挖掘单方与验方　/ 18
厚古重今　辨证辨病相结合
独特用药　治疗肝病显奇效　/ 36
弘扬师说　探秘虫类医药学
病中覃思　著作传行海内外　/ 51
开办研究所　攻治顽痹有新方
创特色医院　名医名科多硕果　/ 61
传扬国粹　精湛医术播四方
养生有术　九旬老人医不辍　/ 76

诉衷情——九秩述怀

人生匆匆，瞬已虚度九秩，从医七旬。医理幽奥，上工难臻。学海无边，皓首穷经。期有所得，恫在抱。

先贤心悟铸辉煌，经典阐岐黄，七旬孜孜求索，宝库犹深藏。勤读书，多临床，心欢畅。杏林甘露，遍洒人间，夙愿以偿。

——朱良春

朱良春，1917 年 8 月 20 日出生，江苏丹徒人。主任医师、教授、博士研究生导师，著名中医学家。先后拜太医传人马惠卿、上海名医章次公为师。1938 年毕业于上海中国医学院。1956～1984 年任南通市中医院院长。1987 年国务院授予“杰出高级专家”称号。1991 年起享受国务院政府特殊津贴。2009 年由人力资源和社会保障部、卫生部、国家中医药管理局评为首届国医大师。

长期从事痹证、肝病、肾病的临床、科研工作。对风湿病、癌症、肝病、肾病等疑难重症深有研究，屡见奇效。对于虫类药的临床应用尤具心得。善于挖掘民间验方，乐于培育后继人才。著有《传染性肝炎的综合疗法》、《汤头歌诀详解》(合著)、《虫类药的应用》、《朱良春用药经验集》、《医学微言》、《朱良春医集》等，整理、主编有《章次公医案》、《章次公医术经验集》。他提出的“辨证与辨病相结合”，标志着当代中医药辨证论治模式的发展，已经成为重要的学术概念并被运用于临床。

曾任江苏省政协常委、中国农工民主党中央委员、中华中医药学会理事、江苏省中医学会副会长、南通市政协副主席等职。现任中华中医药学会终身理事、中国中医科学院学术委员、国家中医临床人才研修项目专家指导委员会副主任委员、同济大学特聘教授、南京中医药大学终身教授、北京中医药大学博导论坛学术委员会委员、广州中医药大学第二临床医学院客座教授、高等中医教育顾问委员会委员等职。

由病入医　初涉孟河医学派
苏州求学　转沪师从章次公

1917 年 8 月 20 日，朱良春生于江苏镇江丹徒县儒里镇殷家村。此处在长江南岸，山清水秀，风光旖旎，是鱼米之乡。又毗邻大运河，水陆交通发达，读书与经商风气浓厚。朱家为宋代大理学家朱熹后裔，儒里镇朱家老祠堂高悬一块“闽婺同源”的横匾，建筑气势恢宏。

1922 年，5 岁的朱良春被祖母送进殷家村私塾读书，接受传统文化启蒙教育。《大学》、《中庸》、《论语》、《孟子》给他打下了较好的国学基础。1928 年，朱良春在外经商的父亲朱昶升发现儿子缺乏现代教育，便把 11 岁的朱良春转到儒里镇小学，插四年级班补学数学知识。

一年后，朱良春又转到父亲朱昶升经商的南通市学习，中考被省立南通中学录取。因打算中学毕业后就业，不拟继续深造，便转入南通商立中学（今南通市第十二中学）学习。

不久，朱良春身患肺结核被迫休学。20 世纪 30 年代，肺结核是一种可怕的传染病，因当时还没有治疗肺结核的西药，曾夺走了许多中国人的性命。然而，正是这次患病经历，使朱良春作出了人生道路的抉择。

朱良春在患肺结核的求医过程中，完全依靠中药治疗。一两个月后，普通的中药就显示出神奇的疗效。咳嗽、盗汗、低烧逐渐消失，最后肺结核竟被中药治好了。

在医学界，因病知医，由病入医者不乏其人。朱良春经历了这一段就医过程，自学了不少中医药知识，决定要学习中医，当一名帮助人们摆脱病痛的医生。他向父亲提出放弃商立中学学习的请求，父亲便托人介绍他到武进县孟河镇中医世家名医马惠卿门下当学徒。

江苏武进县孟河镇，清朝时位于常州境内，原来不过是长江边上的一个普通渔村，但却是中医孟河学派的发祥地。

早在明末清初，费尚有弃官从医，定居于此，遂开启了中医孟河学派的端绪。后有以治伤寒出名的法氏（征麟、公麟）兄弟、以长于外科出名的沙氏（晓峰、达周）兄弟在此地开诊，使医道大行。至道光、咸丰、同治时，世居孟河的医家又陆续向上海、镇江、丹阳、常熟、无锡等地发展，医名日隆，学术思想十分活跃。

清末民初，孟河一地已发展为中医药学家聚集的名镇，居民不过百余户，却有十多家中药铺。同时吴中名医荟萃于姑苏，各显其长。有“吴中名医甲天下，孟河名医冠吴中”的说法。清末，最具有代表性的数费、马、巢、丁四大家，以致后来称之为孟河医派，演变成中国中医学的一大流派。

费家代表人物费伯雄（1800—1879），字晋卿，孟河镇人，是费尚有的六世孙。家学渊源，先儒后医，人称其为以名士为名医，以擅长治疗虚劳驰名。《清史稿》云："清末江南诸医，以伯雄为著。"著有《医醇賸义》、《医方论》、《怪疾奇方》、《食鉴本草》、《食养疗法》、《本草饮食谱》。道光年间，曾两度应召入京，治好皇太后患的肺痈和道光帝患的失音症，被钦赐"是活国手"匾额。其子孙两代深得医传。直到咸丰年间，到孟河镇慕费家医名求医者，依然舟楫相接，纷至沓来。

马家代表人物马培之（1820—1903），字文植，孟河镇人，是费伯雄的内弟。马培之也是世医出身，父早丧，随祖父学医十三年，尽得家传，又博采费家及诸家之长，最擅长外科。著有《外科全生集》、《外科传薪集》、《外科集腋》、《医略存真》。公元1880年（光绪六年），慈禧召费伯雄之子进京治病，因伯雄之子医术未精，其舅马培之代替进京应召，大获成功，慈禧因此而赐“福”字和“务存精要”匾额。

1935年，朱良春到孟河投师名医马惠卿，他正是当年曾给慈禧太后看好病而名震一时的马培之的孙子。马惠卿自幼行医，颇有太医世家风范。朱良春经过隆重的拜师仪式后，成为马惠卿的正式弟子，开始学习传统的中医。

这时的马惠卿已经步入花甲之年，门下聚集着十多位学医的门徒。那时门徒学医的方法是，一边按马惠卿指定的中医典籍进行背诵，读完一本再读一本；一边体察马惠卿给病人诊脉、听师傅唱方抄方。朱良春来时已有不少师兄，他的年纪小，排在最后。他开始诵读中医典籍时，内容还不全懂，就由师兄们帮着用白及磨调朱砂的红笔断句。每天指定若干段去背诵，往往是背熟一段再去接着背诵下一段，直到把老师指定的章节全部背得烂熟。马惠卿要求门徒每天早晨天不亮就起来晨读，晨读时整个房间里书声琅琅。

七点半钟，马惠卿开始诊病。他的面前有三张并在一起的方桌，门徒们按拜师的年资顺序排着坐，大师兄、二师兄……直到最近收来的新徒弟。门徒们认真地听老师讲诊，然后谛听老师唱处方，学徒们一一记下来，最后由大师兄将老师所定的处方交给门徒传看，其余学徒照着抄录。马惠卿唱读处方很有特点，临诊多用"对子药"，使门徒便于记忆与应用。因为病人很多，马惠卿应诊时间要一整个上午。

下午，马惠卿坐轿子出诊，门徒们依然在家读书临帖。马惠卿因是入宫侍过驾的太医后人，家里祖传医书多，如《马春霭堂丸散膏丹经验良方》、《柳溪别墅医案》、《记恩录》等。朱良春和师兄弟们争先恐后去抄写。朱良春在孟河镇马家学医一年之间，足足抄写了三大厚本单方、验方。朱良春把这些早年学医的资料一直珍藏着。

1958 年，已经是南通市中医院院长的朱良春，带头响应政府关于中医“献方”的号召，很慷慨地献出了这三大厚本抄录的单方、验方。可惜的是，在南通市陈列展览了三天，最后却不翼而飞。查找了一段时间也没有查出下落。

1936 年 2 月，朱良春在孟河小镇上看到一张现代报纸。上面刊登着苏州国医专科学校的招生广告。他看到新式学校可学到更多知识，开阔眼界，因此，便去报考。

苏州国医专科学校由苏州妇科名医王慎轩创办，曾名“苏州女科医社”、“苏州国医学社”。1934 年，按当时教育部颁布的私立学校规程改组为“苏州国医专科学校”。当时，出身于“三世皆知医”的国学大师章太炎正在苏州办章氏国学讲习会，欣然受聘“苏州国医专科学校”名誉校长，亲自写下“诚敬勤朴”四字校训，并题写了校刊《苏州国医杂志》刊名。

章太炎把中医学作为国学的一部分看待，他的亲炙弟子中多有著名中医学者，章次公便是其中之一。章次公原名章成之，因仰慕太炎先生道德学问，改名章次公。太炎先生也十分看重这个弟子，称赞章次公医病“胆识过人”，并幽默地称章次公的脉案“笔短如其人”。

朱良春在苏州国医专科学校读书时，该校学制四年，每届招生 40 名左右。所设课程有生理、解剖、病理、中医经典、诊断、药物、方剂、化学等，学校教师也多是江浙名医，还经常请居住在上海的章太炎与其中医弟子章次公、陈存仁等前来讲学。那时，章次公等人在上海已经创设上海中国医学院、上海国医学院，章太炎亲自出任两院院长。

1937 年 9 月，因抗日战争爆发，苏州国医专科学校停办。1937 年 11 月，王慎轩校长写信介绍朱良春到上海找章次公。于是朱良春转校上海中国医学院，继续完成学业。

章次公是现代杰出的中医教育家、临床家，他用药泼辣，处方具有廉、便、验的特点，使许多危重病人绝处逢生，对朱良春产生了深刻影响。许多年后，朱良春感慨地说，跟章次公学习中医，才算登堂入室。

1937 年，章次公一边从事医学教学，一边个人开业悬壶济世。11 月，朱良春在兵荒马乱中来到上海，章次公爽快地答应了他转学和拜师的要求。朱良春拿着章次公的介绍信，在租界里找到陈存仁教务长办妥转学注册手续，开始了新的学习生活。

章次公给朱良春在上海找了寄宿之处后，便开始让朱良春每天到他的诊所跟班抄方学医。章次公对弟子很客气，一概称某某“世兄”。章次公带教学生的方式灵活多变，传授医术极其认真，让学生跟班抄方时，采用启发式创新思维。比如，有时一边为病人诊治一边讲解处方用药，叫你记录；有时看完病人却问学生“这是何病？”或者说“这是某证，该用何方？”或者说“我对该病开了这个处方，你们看是什么法？是什么方的化裁？”也有时候在学生草拟的处方上进行修改，并说出道理来。

章次公曾任上海世界红十字会医院中医部主任，这个医院还有西医部，西医部主任李邦政是留学德国的医学博士。章次公常与李邦政互相交流研究，请李先生到诊所来给学生讲物理诊断、化学诊断、西医内科学等。章次公还提出“中西医分别诊断、中医药辨证治疗”的“双重诊断，一重治疗”的主张。

当时，上海世界红十字会医院实际上是难民医院。每天病人很多，病人只要缴两角诊费，即可得到免费药品。不久，章次公让朱良春每天上午去难民医院坐诊，下午到自己开的诊所侍诊，晚上又随自己出诊。

20 世纪 30 年代末，上海成为孤岛，难民众多，传染病如伤寒、副伤寒、斑疹伤寒等流行。章次公大胆地让门徒们给患者用中药大剂量清下通腑排毒方，对气虚欲脱之病人，使用理中汤、四逆汤。章次公还倡用中药处方“全真一气汤”，以附子回阳，以熟地养阴，二者并用；再加人参、麦冬、五味子生脉饮益气养阴，还有牛膝、白术益脾肾。这种“全真一气汤”对于呕吐患者，加生姜、半夏，更具疗效。

1938 年岁末，朱良春于上海中国医学院毕业。章次公郑重地把校训“发皇古义，融会新知”亲笔题写给他，并书“良春贤弟鉴之”。此时朱良春拟返南通设立诊所，开业行医。临行前向章次公告辞，章次公殷殷告诫：“章氏家风，是朴实无华，要养其志，毋暴其气；要敏于事，而慎其言。开业行医，走向社会，面对病人，是一个医生的开始，一定要兢兢业业，谦虚谨慎，继续学习，刻苦钻研，在实践中提高，在总结中创新；要‘自强不息，止于至善’，‘发皇古义，融会新知’。这是我一贯的主张，既要善于继承前人的经验，又要顺应潮流，汲取新知，融会贯通，才能有所创新，不断前进。”

章次公随后将一方寿山石印章赠给朱良春，印章镌文曰：“儿女性情，英雄肝胆，神仙手眼，菩萨心肠。”章次公指着印章说：“这十六个字，要永远牢记，身体力行，作为临床实践、济世活人的座右铭和做人的准则，才能成为一个名副其实的好医生。”章次公还对印章的内容予以阐述，他接着说：“作为一个医生，态度一定温和体贴，对待病人要同亲人一样；对危急重症要敢于负责，当机立断，不可因循等待；既要胆大，又要心细。要见微知著，发于机先；

更要有一个慈悲的菩萨心肠，多为病人着想，选取廉、便、验的方药，减轻病人的负担。贫病无力购药者，尽可能施诊给药，宁可自己简朴一点，尽力帮助病人，体现‘医乃仁术’之旨。”章次公最后还着意强调：“医虽小道，乃仁术也，要以身尽之，方能尽其业，否则罪也。”

南通执业　创立联合中医院
民间探宝　挖掘单方与验方

1939 年 1 月，朱良春回到南通办起了“朱良春诊所”。1940 年 6 月，南通流行登革热，这是一种急性传染病。患者头痛如劈，高热身痛，皮疹隐隐，十分痛苦。朱良春想起在沪上求学时，曾从曾国藩外孙聂云台那里收集到两个治疗传染病秘方——表里和解丹、温病三黄丸，此时派上了用场。

传染病登革热初起，患者大多发热恶寒，剧烈头痛，全身疼痛，透发红疹，舌苔薄腻，脉数，服用表里和解丹很快收到了奇特的疗效。

表里和解丹化裁于杨栗山《伤寒温病条辨》的升降散，由生大黄 135g，炙僵蚕 45g，蝉蜕、甘草各 30g，皂角、广姜黄、乌梅炭各 15g，滑石 180g 组成，研末，和以鲜藿香汁、鲜薄荷汁，为水丸。成人每次服 4～6g，小儿酌减。一次服用便可泻下大便，高热挫降，诸痛缓解，第二天再服一次，病情轻者，即可痊愈。

如患者服用表里和解丹后病情没有痊愈，病程在三日以上者，里热较重，可以服用温病三黄丸。温病三黄丸主要由滑石 300g、生大黄 90g、蝉蜕 15g 三味研细粉，另用苦参 150g，葛根、黄芩各 90g，天花粉、茵陈、青蒿各 60g，黄连、甘草、白蔻仁各 30g，蝉蜕、姜黄、川郁金、苍术各 15g，煎取浓汁；再以鲜荷叶、鲜藿香各 150g，鲜苏叶 180g，鲜茅根 240g，生萝卜籽 60g，以上 5 味研末，加上汤药，绞汁两次；并加鲜萝卜汁 90g，将药汤汁拌入三味药末泛丸，湿重 6g，每服 2 丸，每日 1 次。在配制以上成药时，如无鲜药，可用一半量的干药代替，研细，用药汤放凉泡透榨汁，榨后须加凉开水再榨 1 次，以免药力损失。

在那次急性传染病登革热流行期间，朱良春用表里和解丹、温病三黄丸，再加上自己辨证处方，救治了大批患者。

南通发生登革热不久，又爆发霍乱。患者上吐下泻，很快脱水，出现险情。朱良春与另外一名医生又在南通创震旦医院，给病人输盐水补液，并服中药，抢救了许多重症病人。

这一阶段，朱良春深感民间中医药单方验方在临床中的巨大作用，所以于 1943 年 1 月自费创办《民间医药月刊》，收集单方验方，前后印发十余期，免费赠送给同行和群众。

1945 年，朱良春与志同道合的同行开办南通中医专科学校，任副校长，邀请章次公为校长。上海离南通近，师徒二人经常互通声气，探讨医术。这所南通中医专科学校，地址设在鰰神殿。教师由当地中医、西医充任，学制四年。第一批 18 名学生在 1948 年毕业。

1949 年正月初五，南通解放。市政府为团结中西医务人员，促进医药学术交流，成立了南通市医学研究会，分中医组、西医组。朱良春任中医组组长。1952 年 2 月，朱良春与当地部分中医、西医同道开办了南通市中西联合诊所，朱良春被推举为所长，诊所也暂设在朱家。1954 年，朱良春又和同行们把联合诊所扩大为联合中医院，朱良春担任院长。

20 世纪 50 年代，是中医受到国家重视的年代。在毛泽东主席、周恩来总理的倡导下，政府制订了团结新老中西医的政策，西医学习中医，中医进医院，中医办研究院，中医办学校成为医药界佳话。

1955 年冬，章次公奉调进京任卫生部中医顾问。之前，章次公在上海开业行医，兼任上海市公费医疗第五门诊部特约医生、华东干部疗养院特约医生。章次公奉调进京不久，恰逢林伯渠重病需救治。章次公在会诊中大胆提出使用一味大剂量野山参治疗。周恩来总理听过汇报后，指定章次公为抢救组组长。章次公开出药方，守候病床。一边用棉球蘸参汤滴喂病人，一边用新米煨煮稀粥。不久病人呃逆停止，开始进食，转危为安。后来，毛泽东主席两次召见章次公，彻夜长谈有关中医问题，章次公被毛主席赞为“高士”。

1956年夏，中华医学会全国代表大会召开，朱良春作为会员代表到北京参加会议。会后，刚成立的中医研究院院长鲁之俊邀请四川代表任应秋、湖南代表李聪甫、上海代表钱今阳以及江苏代表朱良春等座谈，征求他们对开展中医学研究工作的建议，并希望他们能到中医研究院加盟研究工作。不久任应秋奉调进京。朱良春在调动过程中，当地政府再三挽留：朱良春因担任南通市中医院院长一职，实属“一将难求、暂难调离”，请求上级允许朱良春在当地发挥中医领导骨干作用。因此，朱良春奉调进京未能成行。

1956 年春，南通市政府拟建立市级中医院，与朱良春等协商，朱良春和同事们自愿将民办联合中医院无偿献给政府，转为公办南通市中医院。朱良春被委任为南通市中医院院长，该院成为全国较早的市级中医院之一。

20 世纪 50 年代，朱良春在任南通市中医院院长期间，十分重视挖掘民间中医药单方、验方的工作。当时中央级报刊曾连续报道过南通市中医院关于培育民间中医土专家“三枝花”的典型事迹，使南通市中医院享誉全国医药卫生界。1959 年，南通市中医院被评为“全国红旗单位”。

第一枝花，是蛇医季德胜。当时南通十字街头经常有一个玩蛇的外地男子，手上、脖子上盘绕着蛇，围观的人多了，他就让蛇咬他手臂一口，眼看伤口肿了起来，便从身上掏出自制的黑色药片，蘸点唾沫把药抹在伤口上，毒肿很快消失。这时看客就围上来买他的蛇药。

季德胜是江苏宿迁人，自幼随父抓毒蛇，采草药，练就用自制药疗蛇伤的本领。父亲死后，一家四口住在南通郊区土地庙里，靠街头耍蛇卖药为生。1954 年初夏，朱良春等一行四人到土地庙访问季德胜，商量与中医院合作医疗蛇伤事宜。后来朱、季交了朋友，季德胜主动献出自制医疗蛇伤的家传秘方，成了中医院正式编制医生。季德胜不识字，说自家制药没有处方，只在野外自采草药配成药饼治疗，也不懂草药学名，只知俗称“黄开口”、“雨箭草”等。朱良春便又将草药制成标本，请植物学家进行实物鉴定，弄清了原来是半枝莲、七叶一枝花等常用中药。后又经过调试配方、分量比例，终于生产出了造福民众的“季德胜蛇药”。为此，《工人日报》发表题为《蛇花子穿上白大褂》的通讯。

第二枝花，是专治淋巴结核病的土医生陈照。20 世纪 50 年代，朱良春在与病人闲聊中得知，当地八里庙有个治瘰疬的能人陈照。瘰疬，土名唤老鼠疮，学名叫淋巴结核。1954 年秋，朱良春和学生一起骑自行车到八里庙寻访陈照。在偏僻农村低矮的草房里，朱良春了解到：陈照少年时家贫，以推独轮车为生。21 岁时认识了游医焦月波，因为焦月波腿有残疾，行走不便，经常坐陈照的独轮车四处游诊。焦月波有一个能治老鼠疮的秘方，临终时传给了陈照。陈照用此方行医，治愈一位老鼠疮病人只需一到两个月，治疗方法是：拿一块膏药掺上拔核药粉，贴到肿胀的老鼠疮上，半天后发痛，一天后更疼，两三天后肿胀的老鼠疮便流出脓血，此过程叫“拔核”。一周后擦净脓血，贴新膏药和生肌药，很快“收口”痊愈。1956 年，在朱良春的努力推荐下，经市卫生局同意，72 岁的陈照成为南通市中医院正式编制医生。后来，他毅然把治淋巴结核病的秘方献给国家。

1958年，季德胜和陈照二人出席了全国医学技术革命经验交流大会和全国科联第二次代表大会，受到周恩来总理等国家领导人接见。会议期间，季德胜和陈照被聘为中国医学科学院特约研究员，还被吸收为中华医学会会员，并荣获中华人民共和国卫生部颁发的“医药卫生技术革命先锋”金质奖章。

第三枝花，是专治肺脓疡的民间医生成云龙。1958年，朱良春到校西村支农收小麦，听说附近有一人会治肺脓疡，挺神奇。他问清成云龙住址，在割麦之余访问了成云龙。成云龙说，他有一种“铁脚将军草”，专治肺脓疡。这是一种宿根的块根植物，块根埋在土中，就会发芽生长，不过长得慢。三年后，茎只有拇指粗，可根很大，质坚硬，所以唤作“铁脚将军草”。原来成云龙父亲以前患肺脓疡医治无效，偶遇一江湖郎中送给七枚“铁脚将军草”根，用三斤老黄酒拌和，在瓦罐内密封好，隔水蒸一个时辰，然后取蒸出的汽锅水，每天喝三调羹，竟治好了肺部化脓。后来，成云龙的父亲如法炮制，给患同样疾病的人治疗，都收到奇效。成云龙的父亲死前便把这一偏方传给儿子。朱良春拜访成云龙时态度谦虚诚恳，成云龙便当即赠给朱良春一块“铁脚将军草”根试种。经过植物学家鉴定，“铁脚将军草”属蓼科植物，学名金荞麦，《本草纲目》中有记载。后来，成云龙也被南通市中医院吸收为正式医生，医院将这一诊治肺脓疡的经验方列为科研课题。在临床中大为奏效，其中一患者肺空洞 23 个，服药后第二天开始排脓，热度下降，10 天后空洞渐渐闭合。经实验室培养皿培养，金荞麦并不杀菌，反而使细菌生长更加旺盛。但是服用患者经过用同位素标记示踪的方法检测，发现只要有化脓感染的病灶，金荞麦药物就向化脓感染处集中，浓度越来越高，最终竟能治愈疾病。朱良春认为，这种现象与中医“归经”学说有关。金荞麦治肺脓疡病的科研成果后来转让给南通市中药厂，将金荞麦制成金荞麦片，现在临床仍然一直使用。

20世纪50年代到60年代，朱良春在任南通市中医院院长期间，积极开展中医学术研究和普及中医药工作。1959年朱良春与同仁编写《中医学入门》，1960年编写《中医内科临证手册》、《药性赋增注》，1962年朱良春与缪正来合著《汤头歌诀详解》等。

朱良春在行医中有一句名言：经典是基础，师承是关键，临床是前提。他强调学习中医药经典，认为那是中医的根。他尊重师承，认为大师是对经典的全面继承与发展者，师徒传授才能使中医学薪火相传。

他说，《黄帝内经》、《难经》、《伤寒杂病论》、《神农本草经》称为中国医学四大典籍，中医学的基础理论和辨证的客观方法，集中体现在这四大典籍之中。朱良春的经验是，学习四大经典要分四步：通读原文，窥其全貌；熟读警句，掌握精髓；独立思考，兼参校注；前后对照，融会贯通。

他认为,《内经》是中医理论之源，病因病机、诊法治则，全在其中。必须下苦工夫熟读领悟，方能打牢基础，拿到深入堂奥的钥匙。《内经》是我国现存最早的一部经典医籍，被列为中医四大经典之首，与《伏羲八卦》、《神农本草经》并列为“上古三坟”，是集中医理论、预防、养生、诊断、治疗于一体的奠基之作，由历代先贤集体撰述。其成书之早（约在战国时期），内容之博（广泛汲取当时的哲学、天文、地理、历法、数学、季候、养生等学科），在世界医学史上独树一帜，影响深远，因此被后人尊为“医家之宗”。《内经》由《素问》与《灵枢》两部分组成。《素问》侧重于解剖、生理（脏腑、经络）、预防、养生、病因病机、辨证治疗，以及人与自然、阴阳五行、五运六气等的阐述与应用；《灵枢》除对《素问》内容有所补充外，尤详于经络与针灸，所以又称为“针经”。两者均为历代医家所重视，被列为习医者的必读之书。

朱良春说，张仲景《伤寒论》是在《内经》理论的指导下，同时又发展了《内经》理论，把中医理论和临床实践加以结合而产生的中医辨证治疗学。仲景学说是质朴的、严密的、辨证的。六经辨证法的客观规律，不仅适应于外感热病，同时也适用于内伤杂病。翻开《伤寒论》，六经病都有一个客观标准和传变规律，因为病有常，就有变。《伤寒论》把正治、反治、斡旋、救逆诸法都讲得很清楚，但是它的核心，又离不开阴阳，离不开正与邪的斗争这条主线。它讲辨证立法，但又离不开八纲的具体应用。朱良春又说，明清时代崛起的温病学是《伤寒论》的延伸和发展，寒温应该统一，不能将二者割裂开来。要从源到流地继承和发扬。

朱良春曾对《内经》和《伤寒论》中典型方剂间脉络相承的关系，以及后来历代医家对它的化裁发展，作了精辟的学术点评。以此实例说明掌握经典和强调师承的重要性。

他举例说，《内经》里有一张治疗血枯闭经的名方，叫四乌鲗骨一藘茹丸。它集中体现了中医经典的博大精深和相承不坠的精髓。《内经》中的四乌鲗骨一藘茹丸方，是一个通补奇经的组方。一般来讲，奇经病变都是大病、久病之后，引起的冲任二脉病变，肝肾损伤累及奇经。此方组成有两大特点：一是选用雀卵、鲍鱼等动物药来填补精血，既养肝肾，又益冲任。后世医家受其启示，总结为"味腥气秽，善走奇经"。二是以补涩为主，涩中寓通。乌鲗骨、茜草二药能行能止，不仅固涩下焦，且能通利血脉。这里有一个调理奇经的重大法则可以启示后人：为什么要强调通？因为非通经气不能行，非通不能入脉。四乌鲗骨一藘茹丸方应用十分广泛，除用于伤肝经闭外，还适用于崩漏，特别是暴崩。盖暴崩冲任失守，下焦不固，证情最急。他说，尽管在辨证上可以分为肝不藏血、脾不统血等多种类型，但治肝、治脾总有鞭长莫及之虑，莫若固摄冲任为要，待血崩止后，再调肝脾，以治其本；雀卵不易得，鲍鱼价昂，可取其意，代之以鹌鹑蛋、鹿角胶、龟板胶、紫河车、淡菜、阿胶之类，但需根据证候阴阳之偏颇，随证选用。茜草、乌骨固摄下焦，加入紫石英、龙骨、牡蛎等以补其不逮，可以奏效。此方还适用于带下病，近代名医张锡纯善用之。张氏谓“带下为冲任之证，而名为带者，盖为奇经带脉，原主约束诸脉，冲任有滑脱之疾，责在带脉不能约束，故名为带也”。制“清带汤”（生山药、生龙骨、生牡蛎、海螵蛸、茜草）治妇女赤白带下。单赤带，加白芍、苦参；单白带，加鹿角霜、白术。朱良春说：张氏此方，即从四乌鲗骨一藘茹丸引申而来，假使既有下元不足之见证，又有湿热瘀浊逗留之带下，张氏此方即欠熨帖。怎么办呢？朱良春认为，还需参用土茯苓、蜀羊泉、白槿花、萹蓄等泄浊化瘀之品始称允当。泄浊之品，直达病所，疗效显著。

他又举例说，《伤寒论》把小便利与不利，作为蓄水与蓄血辨证的重要标志，是发人深省的。一般来说，蓄水病在气分，气化不利，所以小便不利。蓄血病在血分，并不影响气化功能，故小便自利。从临床实际看，风湿性心脏病、肝硬化腹水、肾功能衰竭都可见小便不利或肿满之证，而且多有程度不同的瘀血表现。医家假如只从小便不利症状按气分处理，难收疗效，而使用化瘀之药，却可大获奇功。朱良春说，他经常使用《伤寒论》中“抵当汤”的水蛭入药，将水蛭研成粉末，治疗“风心”症（心下痞坚、腹水、小便不利）、“肺心病”（面浮、喘促、足肿、小溲短少），都能收到好的效果，足见《伤寒论》这一经典的精深博大。

朱良春说，凡是有成就的医家都注重历代中医经典的学习，而且不拘于流派地广纳百川，以形成自己独立的学术见解。以上这些观点是受章次公教诲的结果。章次公一贯提倡“发皇古义、融会新知”的治学主张，晚年还批注《内经》和《伤寒论》，并说：“欲求融会，必先求我之卓然自立。”还提出中西医“双重诊断，一重治疗”的方法。这些都对自己影响很深，后来所以能兼收并蓄，重视民间单方，走中西医结合的道路，都是章师引导的结果。

朱良春对自己的老师感佩不已，热切地希望章次公的学术思想能为更多的同道所继承，以期推动中医学有更大发展。1979 年 11 月、1999 年 11 月、2003 年 4 月，分别在章次公逝世 20 周年、逝世 40 周年、诞辰 100 周年之际，朱良春带头发起和参与学术纪念活动，缅怀老师硕学盛德。并多方收集整理其医案和有关资料，先后出版《章次公医案》、《章次公医术经验集》、《中医学家章次公先生百年诞辰纪念》等文集。

厚古重今　辨证辨病相结合
独特用药　治疗肝病显奇效

朱良春在长期的临床实践中形成了现代中医观，其主要学术思想是辨证论治与辨病论治相结合。他的这些观点集中表现在《关于中西医结合的几点看法》、《辨证与辨病相结合的重要性及其关系的探讨》、《辨证论治纵横谈》、《发皇古义、融会新知——章次公先生生平及其学术思想》等学术论文中，后来结集在他的专著《医学微言》一书里。

朱良春认为，中医辨证的基本内容，是四诊八纲。而要辨证，首先认证，四诊是认证识病的重要手段。望、闻、问、切，缺一不可。古人云："四诊合参，庶可万全。"四诊是中医的基本功，是医生认证识病的手段。八纲，即阴、阳、表、里、寒、热、虚、实，是辨证论治的理论基础。八纲辨证，是将四诊得来的资料，根据人体正气的盛衰，病邪的性质，疾病所在的部位深浅等情况，进行综合、分析归纳为阴、阳、表、里、寒、热、虚、实八类证候。

朱良春说，辨证论治是中医学的精华。中医治疗注重辨证，从总体把握人体阴阳失调、邪正斗争的状态，把人本身的阴阳失调与外部环境结合起来，综合分析，强调因人、因时、因地制宜，透过纷繁复杂的临床病症表现，审明主证，找到疾病的症结。

1962 年，他在《中医杂志》第三期发表题为《辨证与辨病相结合的重要性及其关系的探讨》一文，率先提出辨证论治与辨病论治相结合的主张。他说，中医的“辨证论治”是针对机体各个部分以及整体的主要功能状态与病理活动，给予综合性的评定，提出恰当处理。西医的“辨病论治”，则是在寻找病源，明确诊断的基础上，针对病源用药。因此“证”和“病”是一种因果关系，具有不可分割的有机联系，否定和肯定病和证的任何一方面，都是片面的、不完善的，而两者结合，则是创造新医药学派的重要途径。自朱良春提出“辨证与辨病相结合”以后，中医界递相引用，如今已成为临床辨证论治的至真要言。

朱良春认为，任何一门科学的发展都不是封闭的、排他的，都必须注意汲取其他自然科学之长，才能丰富发展自己，中医学亦不能例外。他说，辨证论治是中医学理论和体系的精髓，临床工作者运用中医理论，通过望、闻、问、切四诊，详细地了解病人症状和体征，通过去粗取精，去伪存真，由表及里，细心分析，归纳总结而得出来的认识，是一个包括病因、病位、病理性质及正邪斗争情况的综合概念。“治病必求于本”，何谓“本”？“本于阴阳也”。辨证就是从整体上把握人体阴阳失调后脏腑功能紊乱的状态，是中医整体观和动态的体现。“论治”就是根据辨证的结果，施以相应的治疗措施，立方用药，调动人体的正气，驱邪防变，达到治疗的目的。辨证论治的优点就在于不论疾病如何千变万化，都可以从阴阳消长、正邪斗争的基本规律入手，运用“四诊”、“八纲”的方法，归纳分析，提出整体的治疗措施，从而建立起“阴阳自和”的状态。这是中医在宏观、定性、动态研究方面的独到之处。所以即使是疑难杂症，只要认真地掌握了“辨证论治”这个大经大法并灵活运用，就可应付裕如，取得好的疗效。

但是，如果就此以为中医有了一套辨证论治的十全十美的方法，就不需要再前进了，那就要犯孤芳自赏、停滞不前的错误。“辨证论治”也存在一些不足之处，在微观、定量、静态方面的研究不够，对微观的“病”的认识，有时不免失于笼统。例如中医所说的痹证，大体上包括了西医的风湿热、风湿性关节炎、类风湿性关节炎、强直性脊柱炎、坐骨神经痛、骨质增生性疾病。其他如血栓闭塞性脉管炎、系统性红斑狼疮、多发性肌炎、硬皮病、结节性红斑、结节性脉管炎亦有涉及。对这么多的疾病用痹证两字概括之，则显然失之粗疏，缺乏对每个疾病的个性探讨。

朱良春强调辨证与辨病相结合，这主要指的是辨中医的证与辨西医的病相结合。他认为，随着现代科学的发展，中医应学习西医的一些基础理论方法，借助各种先进的仪器和检测手段，把疾病的症结搞清楚，有利于疾病的早期发现与早期诊断，防止误诊和漏诊，从而提高医疗质量。例如直肠癌早期，其症状往往与慢性痢疾或内痔混淆，病毒性心肌炎颇类热病后之劳倦症，如果不经过现代各种理化检查，就不能早期发现，以致误诊。又如隐性肾炎、隐性糖尿病等，都不是仅仅靠望、闻、问、切四诊所能确诊的，必须借助现代的检测手段。再如反胃，也有功能性与器质性的本质差异，若不结合辨病，尽管同样可以处方用药，可以取得疗效，但对病的症结所在毕竟心中无数，而一旦明确了诊断，对疾病的认识更为具体，在治疗上针对性就更强，这是对辨证论治的提高。同时，辨证结合辨病既是病人的要求，也是观察疗效的需要，因为判断某些疾病是否已经治愈，不是仅靠临床症状的消失为依据，还要看各种检查数据是否正常，如肝炎病人肝功能化验要求正常。

朱良春还说，辨证是绝对的，辨病是相对的。运用现代科技手段检查出来的病同样需要辨证。如病毒性心肌炎很像热病后的劳倦症，肠癌早期类似慢性痢疾。如果仅辨病，不辨证，就会走上“对号入座”的狭路，把活泼的辨证变成僵死的教条，势必毁掉中医学。如他曾治一纺织女工病例，该女患子宫内膜异位症（异位至肺部）。前医曾误诊为肺结核、支气管扩张，迭治无效。朱良春根据其月经闭止、每月咯血五六日、颧红掌热、口干咽燥、腰酸腿软等见证来分析，断其病本在肝肾，累及冲任，缘水不涵木，气火冲激，冲气上扰，损伤肺络使然。及时采取滋肾养肝、清肺凉血、调理冲任之剂，连进十剂，月经即循常道而行，肺部症状也爽然而释。可见，肯定或否定“病”和“证”的任何一方面，都是片面的、不完善的，只有将宏观辨证与微观辨病结合起来，探索临床证治的规律才能相得益彰。

朱良春在临床中将辨证与辨病相结合的学术思想，成功地运用在治疗肝病、肾病以及各种疑难杂症中，如对肝炎病的诊治上。

20 世纪 50～60 年代，乙型肝炎成为一种流行性传染病。其中不少患者最终死于肝硬化或并发肝癌。1962 年，朱良春在诊治大量肝炎病人中总结辨证与辨病结合的经验，出版了

《传染性肝炎的综合疗法》一书。之后数十年，他继续积累临床中辨证与辨病相结合以及用药经验，先后发表了《慢性肝炎证治》、《肝炎眼血管变化初探》，对于肝硬化病症，先创处方“复肝散”，继而改进为“复肝丸”，并发表了《“复肝丸”治疗早期肝硬化的临床体会》等学术论文。

朱良春认为，慢性肝炎多由湿热之邪留恋，肝脾同病而致气虚血亏，或气滞血瘀，迁延不愈演变而来。属中医胁痛、郁证和癥积范畴。由于病程较长、个体病理变化各异，在诊治过程中要强调：疏肝与养肝相结合、扶正与驱邪相结合、区分在气与在血。

他在论述疏肝与养肝相结合时说，中医认为肝为藏血之脏，其体柔顺，主疏泄，性喜条达，对人体气机起调节作用。历代医家治肝方剂皆遵循疏肝与养肝相结合的规律。他具体分析了经典方剂“四逆散”和“一贯煎”各自侧重疏泄或柔养的不同特点，明确提出还要分辨“肝胃不和型”肝炎和“肝肾阴虚型”肝炎，只有采取“疏肝和胃”和“肝肾同治”的方法，才能提高疗效。

他在论述扶正与驱邪相结合时说，肝经湿热是慢性肝炎的主要病因，疫毒是导致本病的主要病机。驱邪是重要环节，但不可机械理解为清热解毒、降低转氨酶，要正确体察邪正之争，治疗中正确运用扶正以驱邪，或驱邪不忘扶正的原则。慢性肝炎多属虚实夹杂，邪实表现为肝气郁结和肝血瘀阻；正虚表现为脾胃气虚和肝血不足，只有肝气舒，脾胃才能健运；瘀血去，新血才能化生，所以要攻补兼施。补法要区分阴虚还是阳虚。阴虚者，要补而兼清；阳虚者，宜补而兼温。

他在论述区分在气与在血时说，对慢性肝炎之各种证候，区分在气分还是在血分，有利于在病理层次进行辨证治疗。所谓在气，指慢性肝炎因气机失调导致一系列病理变化，如肝郁气滞，湿热壅遏；或脾虚气弱，湿浊不化。前者症见胸胁苦满，食欲减退，口苦，尿赤，舌苔薄黄，脉弦，可选“小柴胡汤”出入。后者症见头晕乏力，气短心悸，食欲欠佳，大便干溏不一，四肢轻度浮肿，舌淡胖，或舌边有齿痕，苔薄，脉小弦，当取“补中益气汤”为主方。所谓在血，是指病邪由气入血产生一系列病理变化，或气滞血瘀，或热毒入血，耗血动血。患者病程已久，正气不足，湿热病邪混入血络之中，也属于血分证治范围。肝炎以肝脾虚损为本，血瘀为标。血瘀又有气虚血瘀、阴虚血瘀之不同。前者当用黄芪配莪术、山药配鸡内金两个“对子药”；后者当养阴化瘀，软坚散结，用“一贯煎”加丹参、泽兰、牡蛎、庵闾子等。中医认为，初病在经在气，久病入络在血。慢性肝炎多为络病，特点是肝区疼痛，牵及后背，舌质有紫气，苔薄腻，脉弦涩，肝功能长期不正常。治疗方法应为疏肝养肝必兼通络，通络必兼解毒，可以“旋覆花汤”为主方，取茜草代新绛。如不效，可加虫类药治之。

关于肝硬化一证，朱良春认为是各种慢性肝病迁延发展而来，是具有广泛肝细胞损害及结缔组织增生的慢性进行性疾病。早期肝硬化属癥积、痞块范畴，晚期肝硬化，则应在鼓胀门中辨证施治。对于早期肝硬化，他在1959～1962年间先创“复肝散”治疗生效，后又在原方基础上制成丸剂，定名“复肝丸”，效果大有提高。方曰：

紫河车、红参、炙地鳖虫、炮甲片、广郁金、参三七、生鸡内金、广姜黄等共研为极细粉末。另用虎杖、石见穿、蒲公英、糯稻根等煎取浓汁泛为丸。每服3g，1日3次，餐后温水送下，或以汤药送服。一个月为一疗程。

朱良春认为，肝硬化虽病由肝起，却是影响全身的复杂多变的慢性病变，在整个演变过程中，多使脏腑之间功能紊乱，表现为虚实交错的病机。探讨该病治疗规律，除了明白肝郁血滞、瘀结为癥癖的基本证型外，还应另分四种证型施治：一为肝郁脾虚型，治以疏肝益脾，活血消癥。复肝丸当配逍遥散、异功散、当归补血汤加减。二为肝胆湿热型，治以清肝利胆，泄热化湿。以龙胆泻肝汤、茵陈蒿汤加减，而不宜先用复肝丸，否则会有转氨酶继续升高、烦热不寐之反应。继后再用复肝丸。三为脾肾阳虚型，治以温补脾肾，益气化瘀。以复肝丸为主，配合景岳右归丸、当归补血汤加减。四为肝肾阴虚型，治以滋肾柔肝，养阴和络，凉营宁络。待阴损渐复，再以一贯煎加减，配合复肝丸。

朱良春说，中医药的生命在于疗效，而疗效则来自于明确的辨证与辨病相结合和精当的用药。只有熟谙药物的性能，掌握药物的特点，灵活地配伍应用，才能提高临床疗效。

在治疗肝病中，朱良春在明确辨证的前提下，善于挖掘药物性能的潜在作用，灵活加以配伍应用，考之于古，验之于今，总结出“用药经验”和“经验药对”两大部分系列成果。

所谓“用药经验”者，一共分为15类，涉及各种中药108种。如肝系病症中，他总结出：桑寄生——祛风湿、降压平肝兼疗胸痹；生槐角——润肝燥定风眩；鲤鱼——消水有殊功；生麦芽——疏肝妙品；庵闾子配楮实子——消鼓胀去腹水；女贞子——益肝补虚；藏红花——活血化瘀兼利胆退黄等。

所谓“经验药对”，就是将中药根据性味功能加以有机组合，产生协同加强或相反相成作用的一种配伍。前人早有《桐君》及《雷公》两部“药对”，后人也多有撰述。朱良春在临床中体会到掌握“经验药对”以及3～5味小品方，是临证论治执简驭繁的捷径。这种“经验药对”，朱良春一共总结出外感病证药对、心脑病证药对、肺系病证药对、胃肠病证药对等 16 类，计 228 条。其中治疗肝系病证“药对”有：柴胡 10g，白芍 15g，可收疏肝解郁功效；升麻 15g，葛根 20g，可以升散解毒、降低转氨酶；虎杖 20g，山楂 15g，清利湿热，作用于乙肝表面抗原；枸杞 15g，龙胆草 8g，养肝阴而清肝热；枸杞、旱莲草各 15g，每日泡水代茶饮，可治慢性肝病牙龈出血；庵闾子 15g，楮实子 30g，主治肝硬化腹水；羚羊角、生石膏，清肝降火治疗头痛目赤；羚羊角 0.6g，全蝎 3g，研分两次吞服可治肝热阳亢，肝风鸱张之头痛剧烈，肢体抽搐；法半夏、夏枯草各 15g，治肝火内扰、阳不交阴的顽固失眠；栀子 12g，生大黄 15～20g，可治急性胰腺炎等。

为了全面总结行医 70 余年的中医用药经验，朱良春于 1989 年整理出版了《朱良春用药经验》(76 篇)，该书重印四次后，1997 年增补 26 篇，与前 76 篇合为 102 篇，定名《朱良春用药经验集》出版。2007 年 10 月，该书在刊印 14 次之后又增补 36 篇，合共 138 篇另行再版。新版《朱良春用药经验集》248 千字，是他用药心得经验之结晶，被同道称赞说："本乃不传之秘，竟能公之于世，是仁者之心也。"

从 20 世纪 50 年代起，朱良春提出对眼血管的望诊来判断肝病症情和预后，以丰富中医诊断学中望神、观色的内容。此方法源于《内经》"肝开窍于目"理论，同时受崔元亮《海上方》用秦艽治黄疸，述其症状"目有赤脉"的启示提出。朱良春说，肝炎病人随着病情进退，眼血管的色泽、扩张、弯曲变化有规律。凡肝炎病人眼球结膜血管充血，并有锯齿状弯曲显现。眼血管明显弯曲者，是早期象征；血管扩张较剧呈赤红者，为演进之势；血管末端有黑点者，表明肝区疼痛较剧。肝病向愈者，肝功能趋于正常者，眼血管异常随之消失。

弘扬师说　探秘虫类医药学
病中覃思　著作传行海内外

朱良春对中药的研究和使用，在虫类药方面最具有贡献。他在《内经、伤寒杂病论运用动物药之经验及其对后世的影响》、《虫类药治疗疑难杂症的经验体会》、《组方用药在辨证论治中的重要性》、《拓开动物药临床应用之新径》等论文中系统地讲述了这些观点。这些学术论文后来收进《朱良春医集》。

祖国的中医药学是一个伟大的宝库。中药早有“草、木、虫、石、谷”的分类，“虫”在古代就是动物的总称。《大戴礼记》说：“禽为羽虫，兽为毛虫，龟为甲虫，鱼为鳞虫，人为倮虫。”因此虫类药就是动物药的同义词。

《神农本草经》是总结虫类药医疗作用最早

的典籍，全书共列载中药 365 种，其中虫类药 65 种，占全书所载药物的 17.8%。这说明，在汉代以前对虫类药的使用就已取得宝贵的经验。在《伤寒杂病论》里，张仲景也有应用虫类药的方剂十余首，法度严谨、寓意良深。此后，中医学家代有发展。东晋葛洪《肘后备急方》，唐代孙思邈《备急千金要方》、王焘《外台秘要》，将虫类药更广泛应用于内、外、妇、儿各科，品种有所增加。到了明代，李时珍全面总结药物治疗经验，在《本草纲目》中列载中药 1892 种，把虫类药扩充达 446 种，并加以细化分类，如昆虫药又分“卵生”、“化生”、“湿生”等，使虫类药得到很大的扩展。

随后，清代温病学家如叶天士、杨栗山、王孟英、吴鞠通以及善于应用活血化瘀方药的王清任等，敢于革新，广泛应用虫类药治疗各种疾病，给后世留下不少珍贵的经验。

近代善用虫类药的专家主要有张锡纯、恽

铁樵、章次公诸先辈。中华人民共和国成立后，中医药界非常重视虫类药的应用和研究，不仅广泛应用于内外各科的常见病、多发病的治疗，而且还应用于恶性肿瘤、血液病、心脑血管病、结缔组织病、肝肾病、神经精神疾病、内分泌系统疾病等诸多疑难杂症、沉疴痼疾的治疗，使虫类药别开生面，发展了它的应用范围和临床经验，取得了令人瞩目的成就。

章次公以擅长运用虫类药著称，常用干蟾皮治疗水肿，用全蝎治疗顽固难愈的胃病。他曾分析说，干蟾皮有强心利尿作用，是蟾蜍主要成分，类似毛地黄。又说，对慢性肝炎，过去用丹栀逍遥散治疗，药效不著，自从运用虫类药地鳖虫（每日三至五分）与红参（每日量五分至一钱）为粉剂口服，以及配合黄芪、党参、甘草、枸杞等汤剂，每能获效。用虫类药物治肝病的理论根据，是祛瘀生新，渊源于张仲景的大黄䗪虫丸及吴鞠通的化癥回生丹。依此类推，如蛴螬、蛲螂均可应用。章次公对中药学研究颇深，曾著《药物学》四卷。

朱良春深得章次公薪传，行医后又着意发掘开拓虫类药治疗各种疑难杂症的新途径。1963～1964 年，他在《中医杂志》上连续发表了《虫类药应用之研究》体会文章，在全国医药界产生了重大反响。

1969 年的一天，新疆军区的一位团参谋来到南通市政府，请求协调，让朱良春给他所在团的团长治病，并说病人已住到南通市招待所。

原来这位团长在检查施工过程中，突然被从上落下的铁棍击中头部昏倒。当时头颅骨凹陷，继而出现血肿，神志不清达 24 小时之久。经抢救才苏醒过来，但形成了脑震荡后遗症。到北京检查，脑组织萎缩 1/4。病人经常感到头部昏痛，精神烦躁，记忆力严重下降，欲取某物转身便忘，记不得老战友名字，不能作系统发言。急躁易怒，失眠，神情疲惫。虽然经过多方治疗，效果仍然不佳，一位军医说，南通朱良春曾经撰写了《虫类药应用之研究》的论文，其中提到了使用虫类药可以治疗脑外伤后遗症，疗效很好，应该找他去治疗。于是病家慕名来到南通。朱良春经过详细诊察，发现病人舌苔薄腻，边有瘀斑，脉象细涩，为瘀阻脑府，灵窍欠慧，气血亏虚之证候，决定先给予益气血、化痰瘀、慧灵窍的汤剂 3 副，并嘱心情舒畅，避免急躁，少吃辛辣，适量运动。

三天之后，烦躁的患者安静下来，病情有所好转。朱良春又根据情况随方加减，服药一周头痛减轻，夜寐较安，精神略振，自觉爽适。招待所里治疗多有不便，患者便转到朱良春所在医院继续治疗。朱良春改用“健脑散”给患者服用，药方中虫类药有 5 味。方曰：红人参、制马钱子、川芎各 15g，地鳖虫、当归、杞子各 21g，地龙、制乳没、琥珀、全蝎各 12g，紫河车、鸡内金各 24g，血竭、甘草各 9g。共研极细末，每服 4.5g，早晚各 1 次。

患者坚持服药两个月，病情稳定，讲话层次不乱，并能写信。朱良春乃以中药调补肝肾、养益心气之品进行善后治疗。

1976 年，朱良春突然尿血住院。出院后，在养病期间，加紧整理《虫类药的应用》一书初稿，在此后三年中，朱良春集中精力完善了这部虫类药学术著作。1981 年 5 月，他酝酿、写作、补充 18 年之久的《虫类药的应用》一书出版，首次印刷的 5501 册很快销售一空，1988 年 10 月第 2 次印刷 4600 册，不久也售罄。该书很快传行海内外，受到中外医药界瞩目。

1984 年 3 月 22～26 日，日本东洋医学国际研究财团桑木崇秀会长和北海道中医学术研究会中尾断二会长率十名汉方医学家来南通访问，与朱良春进行中医学术座谈。其中对朱良春在虫类药学方面的探索和成就，表现出浓厚的兴趣，并邀请朱良春尽早访问日本。

《虫类药的应用》是一部把中国传统医学与现代医学融为一体的学术力作。该书收集临床常用的虫类药 40 余种、479 个条目。每种虫类药条目之下，分别论述药物基原、本品功用、现代研究、用法用量、临床应用、病案举例，以及特别注意事项等。既有学术理论性，又具实际操作性。

1994 年，应广大读者要求，《虫类药的应用》增订再版。再版的《虫类药的应用》不但增加了虫类药种类，其内容更加显示了它的理论特色和临床应用功能。不少海内外医家争相研读。日本奈良县医师罗曼，原是西医，后学汉方医，在临床中深感常规药有时疗效不能尽如人意，经参用虫类药后，出现了意想不到的奇迹。他曾先后三次专程赴南通拜访朱良春，研修虫类药问题，由衷地赞赏中国医药学的博大精深。

朱良春说，“怪病多由痰作祟，顽疾必兼痰

和瘀”；“久病多虚，久病多瘀，久痛入络，久必及肾”；“上下不一应从下，表里不一当从里”。这是朱良春诊治疑难杂症时的一种思路。处治疑难杂症多须涤痰、化瘀、蠲痹、通络、息风、定惊，如能在辨治原则下，参用虫类药，多可提高疗效。这是他屡试不爽的实践体会。他说，虫类药的功用主治因配伍不同而异，可概括为十个方面：攻坚破积、活血祛瘀、息风定惊、宣风泄热、搜风解毒、行气和血、壮阳益肾、消痈散肿、收敛生肌、补益培本。

朱良春说：过去一些医家担心动物药有毒性，产生副作用。少数过敏体质的患者，对动物药异体蛋白质产生过敏是有的，但一些动物活着时有溶血毒、神经毒等，死后毒液就氧化了。事实上，许多动物药比植物药更具疗效。当然，对濒临灭绝的生物的药用，必须限制。在临床中，动物药具有穿透剔邪、通经活络、息风定惊等作用，非草木药所能比拟。动物药富有生物活性，酶、多肽、氨基酸、蛋白质特别多，有灵性，中医称之为“血肉有情之品”。因此，在他诊治疑难杂症处方中，虫类药当用即用，经常达到一定比例，有时竟占一半或更多。

朱良春总结了一系列治疗疑难病应用虫类药的具体方药，涉及神经系统疾病 16 种、循环系统疾病 9 种、呼吸系统疾病 6 种、消化系统疾病 11 种、泌尿生殖系统疾病 17 种、骨与关节疾病 6 种、肿瘤类病 12 种、外科疾病 11 种。毫不保留地公开了大量自创的经验方。

朱良春提出，中国虫类药开发应用有特殊优势，虫类药的应用有广阔前景。一是古籍文献记载甚多，应循线索引申发展；二要不断探索实践，发现新药，开辟应用新途径；三须注重剂型改革，方便应用，提高疗效；四要通过人工培育虫类药，保证药源，为人类健康造福。

朱良春后来创立了研究所，开发新药 21

种，其中有许多是运用虫类药的主打产品。如复肝胶囊，其中虫类药占到1/2，治疗慢性肝炎早期肝硬化，确有使肝纤维化逆转、白球蛋白倒置恢复、肝脾缩小如常、腹水渐退，康复如常之功效。又如痛宁胶囊，用全蝎、紫河车等，其中虫类药也占到近1/2。

进入21世纪以后，广大读者吁请朱良春对《虫类药的应用》一书再行修订重版，朱良春与门人又投入紧张的增补工作中，新版书将扩大篇幅达40万字。

开办研究所　攻治顽痹有新方
创特色医院　名医名科多硕果

1992年11月，响应国家中医药管理局关于鼓励各地申报各种专科病中心的倡导，76岁的朱良春率领子女、门人创办南通中医药临床研究所。时任全国人大常委会副委员长的中国农工民主党主席卢嘉锡亲自为研究所题写了牌匾。

早在朱良春创办南通中医药临床研究所之前，他的临床科研工作就已经十分活跃，并连续取得突出成就。如顽痹证是他多年主攻的专项，开发虫类药在顽痹证治疗中的应用更是他的拿手好戏。他善治类风湿性关节炎，特别是他首创的新药“益肾蠲痹丸”，成为治疗顽痹的专药，他的中医诊治痹证的学术观点已臻于成熟。

1985 年 1 月，朱良春开始与全国六家单位进行“益肾蠲痹丸”临床验证协作课题。此丸汇集了七味虫类药，在他运用虫类药制订的新方中颇具代表性。1987 年，朱良春与其四女朱琬华又开始了同中国中医研究院合作研究“顽痹（类风湿性关节炎）从肾论治”课题，在理论上阐明用补肾方法治疗类风湿的缘由。

中医讲的痹证，与风湿类疾病是同义词，是一组以疼痛为主要症状，病变累及骨、关节、肌肉、皮肤、血管等组织疾病的总称。包括类风湿性关节炎、风湿性关节炎、强直性脊柱炎、痛风、狼疮、硬皮病、皮肌炎、骨质增生、坐骨神经痛等疾病。其共同特征为关节疼痛、肿胀、拘挛僵直为主症。病程绵长，证情顽缠，久治不愈。朱良春首先从类风湿性关节炎这一种顽痹证入手进行研究。从 20 世纪 60 年代至 80 年代中期，他经过数千例临床病例观察，认为类风湿性关节炎相似于《金匮要略》中讲的历节病，以及宋代《太平圣惠方》中讲的顽痹。这种病久痛多瘀，久痛入络，久痛多虚，久必及肾。患者因阳气先虚，病邪乘虚袭踞经隧，气血为邪所阻，壅滞经脉，留滞于内，深入骨骱，胶着不去，痰瘀交阻，凝涩不通，邪正混淆，如油入面，肿痛以作。对这种病要明确认识到：此症久治不愈者既有正虚的一面，又有邪实的一面；且病变在骨质，骨为肾所主，故而确定益肾壮督以治其本，蠲痹通络以治其标。组方用药时，又根据虫类药搜剔钻透驱邪的特性集中使用之，发挥协同加强的功能。具体组方称“益肾蠲痹丸”，方曰：熟地黄、仙灵脾、鹿衔草、淡苁蓉、全当归、鸡血藤、蜂房、蕲蛇（缺时可用乌梢蛇代）、地鳖虫、僵蚕、蜣螂虫、炮山甲、全蝎、蜈蚣、广地龙、甘草等。上药共研极细末，泛丸如绿豆大，每服 6～8g，每日 3 次，餐后服。

“益肾蠲痹丸”一方用草本之品补肾培本，因顽痹病变在骨，骨又为肾所主，而督脉又督司一身之脉，故益肾壮督为治本之道，可以增强机体免疫功能，调整骨质代谢，对根治本病起决定性作用。同时，病邪既已深入经隧骨骱，必须选用具有较强钻透搜剔之功的药物始能奏效。所以除选用植物药外，侧重于虫类药物。虫类药不仅能搜剔，且均含异体蛋白，对机体的补益调节有特殊功能。蛇类药还能促进垂体前叶促肾上腺激素的合成与释放，使血中这种激素浓度升高，起到抗炎消肿止痛的作用，缩短疗程，提高疗效。此外，由于风药多燥，根据治风先治血的原则，立方时要重用地黄、当归、鸡血藤等养血之品，以缓风药的燥性。

朱良春处方用药并非一成不变，而是根据病体的各种个性差异分寒湿型、痰瘀型、阴虚型、湿热型等，以及病程不同分别给予施治。

从 20 世纪 90 年代到 21 世纪初，朱良春提出痹证治疗中应解决的三个问题：治证与治病，扶正与逐邪，通闭与解结。从痹病三大主症（疼痛、肿胀、僵直拘挛）总结出系列用药经验。尤其是对治疗风湿病的三味主药（穿山龙、川乌、鬼箭羽）的使用得心应手。

朱良春提出痹证治疗中应解决的三个关系问题：一是治证与治病的关系。在临床发挥中医辨证论治特色时，强调与现代医学对有关病症的认识结合起来。同时还要选择有针对性的方药提高疗效。痹证范围很大，包含了现代医学中的几十种疾病。从中医辨证而言，反映了这些不同疾病的共性，提出了提纲挈领的施治大法，但不同疾病毕竟还有特定个性，即使辨证为同一证型，治疗用药也应因人而异。二是扶正与逐邪的关系。三是通闭与解结的关系。

朱良春提出痹病三大主症：一是疼痛，如能用药迅速缓解疼痛，患者信心增强，病情易趋平缓。根据疼痛的临床表现，他把疼痛分为风痛、寒痛、湿痛、热痛、瘀痛，并指出五者只是各有侧重，但往往多是混杂证型，难以截然分开。二是肿胀，关节肿胀的主因是湿胜则肿，早期用药可祛湿消肿，但病久由湿生痰，终则痰瘀交阻，肿胀僵持不消，用药须在祛湿时，参用涤痰化瘀才能奏效。如肿势不消，湿邪内停，黏着不去，致血管不畅、痰凝、血瘀三者胶结，附着于骨，导致关节畸形，用药须化瘀和祛湿二法同用，方可相得益彰。三是僵直拘挛，这是痹病晚期象征，疼痛加剧，功能严重障碍，生活多不能自理。此时用药应重整体调治，细辨其阴阳气血虚实寒热之偏颇，施之相应方药。

朱良春指出，中医痹证与现代医学风湿病基本上可以说是同义词，是一大类有关结缔组织病及骨与关节和外围软组织疾病的总称，发病率和致残率较高，缺乏特效药，或药的毒性较大，难以坚持服用。相对来说，中医药在辨证论治原则指导下，疗效较好，副作用较少。他具体介绍了在临床实践中有广泛应用价值的三种中药。一是穿山龙，为我国东北、西北所产的薯蓣科植物穿龙薯蓣的根茎。本品民间早有使用，但只是近30年来才见诸文献并逐步广泛应用。但在临床中药量少了不行，多用50g为主药。二是川乌，张仲景《金匮要略》有乌头煎治寒疝之方。川乌辛温大热，有较强温经散寒、镇痛蠲痹之功，凡寒证、痛证必用此品。三是鬼箭羽，《本经》早有记载，其味苦性寒，善入血分，破血通络，解毒消肿，蠲痹止痛，但一般临床较少应用，事实上本品行散入血，破瘀散结，活血消肿，蠲痹定痛，凡瘀血阻滞之症均可参用。他指出，以上三种中药在治疗风湿病中占有重要位置。穿山龙以其性平，诸证均可使用。寒证配以川乌，热证佐以鬼箭羽，寒热夹杂则川乌、鬼箭羽并用之。

1985年，朱良春对中医痹证研究进入成果诞生阶段。1988年,“益肾蠲痹丸”研究成果通过鉴定。1989年,“益肾蠲痹丸”被卫生部批准为国家级新药,获“八五”计划国家中医药“金桥奖”,据临床观察,该药治疗类风湿性关节炎有效率达95.3%。

1995年10月,朱良春创办的南通中医药临床研究所经过扩建迁至新址,研究所经过科技攻关,将“益肾蠲痹丸”改进成更高效、方便的第二代产品“浓缩益肾蠲痹丸”,并拿到院内制剂生产许可证,成为研究所的拳头产品。由于“浓缩益肾蠲痹丸”服用量少、疗效显著,受到海内外类风湿性关节炎、强直性脊柱炎、颈椎病和骨关节退变患者的欢迎。2002年,“益肾蠲痹丸”被列入科技部“十五”重点攻关项目“类风湿性关节炎治疗方案研究”临床基本用药,再次证实是目前唯一对骨关节破坏具有修复作用的治疗类风湿性关节炎的良药。

2006年9月21日,在国家提倡名医、名科、名院的“三名战略”导引下，以朱良春名字命名的“南通良春风湿病医院”宣告成立。这是一所市级风湿病专科医院。医院设有风湿病专科、中医内科、针灸推拿科、康复理疗科、肿瘤科，分门诊部、住院部、康复中心三大部分。2800平方米的制剂用房，生产着21种拥有自主知识产权的系列制剂。为风湿病、脾胃病、肝病、肺病、肿瘤病患者带来福音。

在治疗顽痹过程中，朱良春有许多创新，其中治疗“浊瘀痹”即是其中之一。

20世纪下半叶以来，由于社会物质丰富，人民生活水平提高，饮食和环境结构起了很大变化。一种由于嘌呤代谢紊乱引起的高尿酸血症的“痛风性关节炎”及其继发症在人群中渐多发生。西医称之为痛风病。朱良春认为，这种病名虽与传统中医的痛风病名相同，但实质却大相迥异。

中医“痛风”一名，始于李杲（字东垣）、

朱震亨（字丹溪），讲的是广义的历节病。现代西医讲的“痛风”病患者，多有群体特征：中老年，体形丰腴，或有饮酒史，喜进膏粱肥甘之人为多；关节疼痛以夜半为甚，且有结节，或溃流脂液。从病因上看，受寒受湿虽是诱因之一，但不是主要原因。湿浊瘀滞内阻，才是其主要病机，而且这种湿浊之邪，不受之于外，而生之于内。患者多为形体丰腴的痰湿体质，加有喜啖、嗜酒之好，导致脏腑功能失调，升清降浊无权，痰湿滞阻于血脉之中难以泄化，与血相结而为“浊瘀”。或闭留于经脉，则骨节肿痛，结节畸形，甚则溃破，渗溢脂膏；或郁闭化热，聚而成毒，损及脾肾，初则腰痛、尿血，久则壅塞三焦，而呈“关格”危候，即“痛风性肾炎”而致肾衰竭。这些病症都是浊瘀内阻形成，并非单是风邪作祟。所以，朱良春称之为“浊瘀痹”，该病名被中华中医药学会核定为法定中医病名。

为破解“浊瘀痹”一病，朱良春坚守泄化浊瘀这一法则，在创立处方时，根据患者具体情况审证加减，中药组方为：以土茯苓、萆薢、薏苡仁、威灵仙、泽兰、泽泻、秦艽泄浊解毒，伍以赤芍、地鳖虫、桃仁、地龙等活血化瘀之品，从而促使湿浊泄化，溶解瘀结，改善症状，降低血尿酸浓度。如系蕴遏化热者，可加葎草、虎杖、三妙丸以清泄利络；如遇痛甚者，伍以全蝎、蜈蚣、延胡索、五灵脂以开瘀定痛；患者漫肿较甚，加僵蚕、白芥子、陈胆星等化痰药，加速消肿缓痛；如患者关节僵肿、结节坚硬者，加炮甲、蜣螂、蜂房等破结开瘀，既软坚消肿又降低血尿酸指标；患病如在急性发作期，宜加重土茯苓、萆薢的用量，并依据证候的偏热、偏寒不同，而配用生地、寒水石、知母、水牛角等清热通络或加制川乌、制草乌、川桂枝、细辛、仙灵脾、鹿角霜等温经散寒，以收消肿定痛、控制发作之效；患者体虚者，应选用熟地黄、补骨脂、骨碎补、生黄芪等补肾壮骨；患者腰痛血尿时，可加金钱草、海金沙、芒硝、小蓟、茅根等通淋化石。如果患者呈现“关格”的危局，则需中西医合作抢救。此外，对患者的饮食起居也要加以调整。宜戒烟酒，不吃高嘌呤食物，如动物内脏、豆制品、菠菜、海鱼等，生活要有规律，适当控制饮食与体重，坚持适量运动，情志愉快等。

2007 年 8 月，良春中医药研究所申报的“痛风性关节炎中医综合治疗方案研究”获“十一五”科技部支撑课题，朱良春的四女儿朱琬华为小组组长。在研究所中，朱良春结合临床实践不断开发中医药新药品种。经过十多年努力，1995 年建立的研究所制剂室已扩展为现代制剂用房，生产出越来越多的疗效显著的中药制剂。其主治范围延伸到硬皮病、牛皮癣、脾胃病、咳喘、不孕不育、肿瘤等疑难杂症。这些具有自主知识产权的制剂，部分已成为国家级新药。

2007年12月29日,“南通市良春风湿病医院”的风湿病专科，又被国家中医药管理局列为“十一五”风湿病重点专科建设项目。

朱良春认为，在中医学发展过程中，人才建设十分重要。师徒薪火相传承载着医道文明火种的延续，中医学史上流派纷呈的学术创新，凝聚着师徒数代人不间断的继往开来。扁鹊脉学、仓公诊籍、《素》《难》理论、仲景经典、金元学派、温病争鸣，都体现了学术传承与创新。一种学术主张从提出到成熟，需要长期实践检验与完善拓展，往往不能由一人在短期内完成，须有众多后来者承前启后，最终形成学派。否则，再好的学术主张，也只能是一人之言、一家之言，不成一派之学。历史上名师与高徒的关系都是积极继承过去，总结当代，探索未来，形成学术辐射。现在学术细分，分科研究，有其科学性，但过分强调太细分科，则可能局限视野、限制思路，使专家变成一生只会看一种病的“单家”。

1990 年 11 月，国家中医人才工程启动，确定朱良春为首批全国老中医药专家学术经验继承工作指导老师。

为此，朱良春加快了收徒带徒步伐。中医素讲“家学渊源”。在他的影响下，七个子女有五个是学有专长的中医。长女朱胜华、二女朱建华、四女朱琬华均为主任医师、教授；幼子朱又春和幼女朱建平均为副主任医师。此外，长婿蓝绍颖是医学院教授，四婿蒋熙、媳陈淑范均为副主任医师，外孙女潘峰是中医硕士，外孙婿郭建文是中医博士，孙朱彤是中药师，外孙女蒋恬是中医硕士，还有孙女朱泓正在南京中医药大学学习。朱良春的子女及孙辈中一共有 13 人从事中医药工作，被中医界称为“朱家军”。早年带教的朱步先教授（现留居英国）、香港何绍奇教授（已故）、北京史载祥教授、上海姜兴俊主任医师、浙江楼定惠局长、南京张肖敏副厅长、南通程聚生和姚祖培主任医师等，都是他的得意门生，而随后又接收高徒如陈连灿、徐凯、吕爱平、郑福增、曹东义、吴坚、叶凤、张琪、沈桂祥、冯蓓蕾、高想、尹克春、胡世云、薛梅红、郑春燕、陈权、杜葆华、李靖等；临床带教的学生更不下数百人。

传扬国粹　精湛医术播四方
养生有术　九旬老人医不辍

朱良春说，中医学是世界上唯一延续数千年而未有中断的学术体系，现今世界100多个国家都在学习与运用中医药治疗疾病。

在日本，中医学的传入和影响源远流长。中日医药交流从未间断。1984年3月，日本东洋医学国际研究财团等三个团体到南通访问朱良春，并邀请朱良春访日。1985年11月，朱良春应邀先后到东京、札幌两地讲学。进行了《中医辨证论治纵横谈》学术交流讲演，并现场只凭望诊与切脉为患者判断病情，让日本汉方医学家亲眼见识中医“四诊合参”的科学性。朱良春还给他们解释药物的归经说：所谓归经，是中华先民总结的药物对于不同脏腑治疗作用的倾向性，比如都是清火的药物，黄芩善清肺火，黄连善清胃火，黄柏善清下焦之火，这就是归经的不同表现。再如治肝病，多选择入肝的药物；治肾病，多选择入肾的药物，其疗效可以明显提高，这就是归经的特殊性和重要性。朱良春还进一步告诉他们，中国已用同位素标记示踪和微量元素检测，使中医药物归经现象得到证实。

朱良春还用生动事实展现中医对疾病的神奇疗效。1987 年，日本寺部经司社长辗转向他求医。寺部经司长期患偏头痛，备受折磨，朱良春经过辨证，决定用自己总结的“麻蝎散”为寺部经司疗病。该方以虫类药全蝎 20g 为主药，息风平肝，解挛镇痛；配天麻 15g 定风补虚；紫河车 15g 补益气血，以治久病多虚。三味药合研细末分作 20 包，1 日 2 次，每次 1 包。患者服用后偏头痛逐渐减轻，进一步治疗竟获痊愈。

1990 年 10 月，朱良春受日本东洋医学国际研究财团创立 25 周年纪念活动邀请，作特别讲演。会后寺部经司父亲寺部正雄会长邀朱良春作保健讲座，寺部正雄因为脑动脉硬化走路不稳多时，经朱良春诊治得以康复。此后，寺部正雄太太患乳腺癌，住院治疗，准备手术切除。寺部正雄通过传真把病情告知朱良春，朱良春一边用中药“金龙胶囊”为她抗癌治疗，一边用中药给她培育正气。在她等待手术的一个月中，中药治疗没有间断。等手术切除肿瘤时，乳腺肿块已缩小一大半，病理切片癌细胞显萎缩坏死。寺部正雄为表达感激之情，1995 年曾解囊相助南通良春中医药临床研究所迁到新址。

在东南亚，中医药学的传布更为深远广泛。从 1992～1998 年，朱良春先后多次到厦门国际中医培训中心为“国际中医痹证讲习班”、“中医内科疑难病提高班”、“辨证论治专题学习班”

讲课。听课者多为来自新加坡、美国的中医学子，以及中国香港、台湾的学生。他们学习后回到世界各地开展中医药临床工作，并经常与朱良春进行联系。还有一些中医同道如香港阮爱莲医师，新加坡赵景富、臧慧莉、凌青文、丁珊瑚医师先后到南通跟师进修。

1998 年 11 月底，朱良春应新加坡陈美娥医务所邀请到新加坡讲学。12 月初拜会了新加坡中医师公会会长梁世海。新加坡中医师公会是新加坡最大的中医管理组织，下设一个医院和一所中医学院。医院门诊的医务人员由会员轮流担任。朱良春应邀在陈美娥医务所进行会诊，诊断患者，提出治疗方案，再与在场的医师共同讨论酌定。在讲座时，根据医师的实际情况，以介绍中药的配伍应用和单方验方为主，详细讲解中医辨证论治的要领，讲解主证的应对药物，讲解辨证与辨病的关系。新加坡地处亚热带，胃肠病、风湿病、皮肤病、糖尿病较多，由于朱良春的中医疗法简单有效，小型的会诊学术讲座已不能满足需要，规模逐渐扩大。短短一月，朱良春就在新加坡金门会馆、新加坡医师公会大礼堂作了题为《防病保健、延缓衰老》、《跨世纪中医的任务及展望》等大型学术报告与讲演，并接受《联合晚报》专访，就中医药养生治病的广泛话题发表了学术观点。在此期间，朱良春还到马来西亚访问了马来西亚中医学院、吉隆坡中医学院，与饶师泉、李国良院长互赠中医资料和著作，交流中医学术见解。3 个月后，1999 年春，新加坡陈美娥医务所报告说，朱良春在新加坡诊治的患者，经随访疗效均好，尤其是原先每周做两次透析治疗的三位肾衰竭患者，逐渐停止血透，只服中药，各项血液化验指标均有下降。当地西医正在研究患者所服用的中药处方。

2000 年 10 月，朱良春再次应邀访问新加坡。陈美娥医师说，现在新加坡流行“手足口病”，患者多为儿童，有何防治良策？朱良春说，此症属于疫毒兼夹湿热，治疗时应当解疫毒、化湿热。后来依照这种方法治疗，果然有效。朱良春还把两年前曾诊治的三位肾衰竭患者约请来，给他们继续处方用药，巩固疗效。

进入21世纪以来，外国热爱中医的学者频繁拜访朱良春，进行学习交流。如日本的荷兰籍罗曼医师从事临床工作20多年，深感西医方法用到尽头，仍然有一些解决不了的问题，对朱良春的中医学术主张深感兴趣，曾三次到南通求教，朱良春均认真作答。2006年，法国杵针中医学院马尔楷院长、利达博士造访朱良春，洽谈派学生前来实习；同年美国自然疗法大学中医系主任傅海呐博士偕同助手前来拜访朱良春，交流研讨中医理论，并希望建立协作关系，这充分表现出国外医学界对中医学术关注的热情。

朱良春是国医大师，虽然他今年已经94

岁，但思维异常地清晰敏捷，行动也利落自如，这与他几十年来注重养生有很大关系。他在养生方面，有几个秘诀：

秘诀一：运动。要想活得好，天天练“慢跑”。

朱良春常说，“活动活动，要活就要动”，“动可延年，乐则长寿”。运动可以促进血液流通，增进体力，加强抗病防御机能，从而达到延年益寿的目的。他认为，散步、慢跑等都属于“慢运动”，可以让全身的经络、气血、骨骼、肌肉动起来，有助于调节五脏六腑的功能，促进新陈代谢。

朱良春以前坚持骑自行车上下班，现在每天早晨或晚上做5～10分钟活动四肢的自由操，即左右摆动四肢，用手指梳头发，然后两手擦面部、摸耳翼，左右缓慢转动头颈，这样能使头目清爽，两腿轻健，减少面部皱纹，控制颈椎病的发生。

秘诀二：睡眠。要想白天不累，晚上“子时”前要入睡。

朱良春说，要保持精力旺盛，首要条件就是生活要有规律，尽量在晚11时之前入睡，晚上11时到午夜1时，也就是子时，是人体阴阳交接的时候，是睡眠的最好时间。如果继续熬夜，就会耗损人体的阳气，第二天阳气不足，就打不起精神了。

秘诀三：用脑。要想长生不老，越老越要“用脑”。

除了通过运动锻炼自己的身体外，还应常常动脑以保持良好的心智和思维能力，这样可有效预防老年痴呆的发生。

朱良春除了每周上三次门诊外，空余时间均在学习，随时总结经验，提高疗效，为传承中医作贡献。至今，朱良春仍思维敏捷，记忆力不减退。

秘诀四：饮食。要想一身轻松，营养均衡

“气血通”。

饮食与健康长寿有着密切的关系，必须慎食和节食。中老年人饮食最好遵循“平衡营养，合理搭配，糖盐适量，水分补足”的原则。一方面要减少动物脂肪、高胆固醇、高糖、高淀粉食物的摄入，另一方面要多吃植物蛋白质和各类新鲜的蔬菜、水果等高纤维、高维生素食物。

朱良春常吃药膳，他最爱食用黄芪饮，用生黄芪煎沸，去渣后加入薏苡仁、枸杞子、百合、绿豆、莲子、白扁豆各适量同煮即可，早晚各食一次，这道药膳具有益气健脾、解毒防病的作用。

秘诀五：心理。要想成寿翁，一切要看“空”。

朱良春认为，“想得开，看得空，才能成为长寿翁”。他一生中，始终保持平和的心态，包括在最艰难的时期。“不要去钻营，也不要将得失看得过重，只有神安才能延年益寿”。

“莫道桑榆晚，为霞尚满天。”朱良春虽已年逾耄耋，但精神矍铄，目前仍坚持讲学传道，每周上三个半天门诊，为求诊的患者服务。可谓“仁者必寿，老而弥坚”，乃“大医精诚”精神之写照也！

（撰稿人　胡太春）

《中华中医昆仑》丛书150位医家名录

（按生年排序）

张锡纯	丁甘仁	萧龙友	王朴诚	恽铁樵
曹炳章	冉雪峰	谢　观	施今墨	汪逢春
孔伯华	黄竹斋	吴佩衡	蒲辅周	陈邦贤
李翰卿	李斯炽	姚国美	陆渊雷	张泽生
时逸人	张梦侬	叶橘泉	王聘贤	陈慎吾
邹云翔	赵炳南	承淡安	余无言	刘惠民
岳美中	沈仲圭	秦伯未	赵锡武	韦文贵
程门雪	黄文东	赵心波	董廷瑶	吴考槃
章次公	石筱山	陆南山	张赞臣	李聪甫
刘绍武	陈存仁	朱仁康	陆瘦燕	姜春华
韩百灵	高仲山	李克绍	王鹏飞	刘春圃
金寿山	哈荔田	何世英	周凤梧	干祖望
关幼波	王为兰	任应秋	罗元恺	祝谌予
杨医亚	郭士魁	何时希	耿鉴庭	俞慎初

裘沛然	顾伯华	江育仁	邓铁涛	门纯德
刘渡舟	尚天裕	朱良春	李玉奇	程士德
尚志钧	赵绍琴	董建华	米伯让	李辅仁
张珍玉	班秀文	颜正华	于己百	颜德馨
路志正	方药中	王乐匋	黄星垣	谢海洲
余桂清	何　任	王子瑜	程莘农	陈彤云
焦树德	张作舟	张　琪	李寿山	张镜人
王绵之	方和谦	印会河	王玉川	蔡小荪
李振华	马继兴	王嘉麟	宋祚民	刘弼臣
王雪苔	刘志明	吴咸中	李今庸	任继学
裴学义	王宝恩	周霭祥	贺普仁	唐由之
赵冠英	许润三	金世元	陆广莘	刘柏龄
徐景藩	吉良晨	吴定寰	沈自尹	王孝涛
张灿玾	周仲瑛	强巴赤列	张代钊	李经纬
郭维淮	柴松岩	苏荣扎布	陈可冀	李济仁
夏桂成	郭子光	巴黑·玉素甫	张学文	陈介甫